EXPERT GOLF
get there

Yves C. Ton-That

Golfregeln kompakt

Der praktische Regelführer zur Verwendung auf dem Platz. Für Zählspiel und Lochspiel.

Zusammenfassung der wichtigsten Regeländerungen gültig ab 01.01.2019

Schlägerlänge

Neu gilt als Schlägerlänge der längste Schläger des Spielers, ausgenommen der Putter (siehe Seite 6).

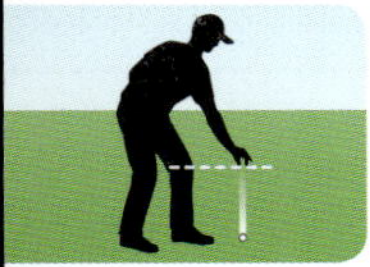

Droppen

Der Ball muss neu aus Kniehöhe fallen gelassen werden und stets im Erleichterungsbereich liegen bleiben (siehe Seite 6).

Suchzeit

Für das Suchen eines Balls stehen nur noch 3 Minuten zur Verfügung (siehe Seite 12).

Ball beim Suchen bewegt

Das versehentliche Bewegen des Balls beim Suchen ist nun straflos (siehe Seite 12).

Ball identifizieren

Das Markieren und Aufnehmen des Balls zur Identifizierung muss gegenüber den Mitspielern nicht mehr angekündigt werden (siehe Seite 12).

Eingebetteter Ball

Hat sich der Ball bei der Landung im Boden eingebohrt, erhalten Sie neu überall im Gelände Erleichterung, nicht mehr nur auf kurz gemähten Flächen (siehe Seite 15).

Tierlöcher

Neu erhalten Sie von praktisch allen Tierlöchern straflose Erleichterung, die Beschränkung auf Erdgänge grabende Tiere, Reptilien und Vögel ist aufgehoben (siehe Seite 16).

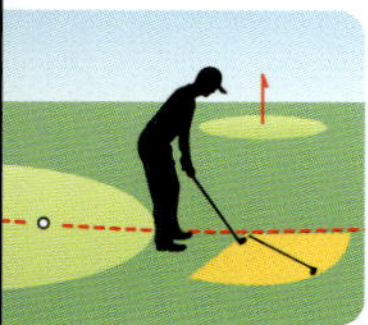

Falsches Grün

Von einem falschen Grün darf nicht gespielt werden und neuerdings muss auch straflos gedroppt werden, wenn der Ball so nahe daran liegt, dass der Spieler auf dem falschen Grün stehen müsste (siehe Seite 18).

Ball trifft Spieler oder Ausrüstung

Wenn Sie aus Versehen sich selbst oder Ihre Ausrüstung treffen, ist dies neu straflos (siehe Seite 20).

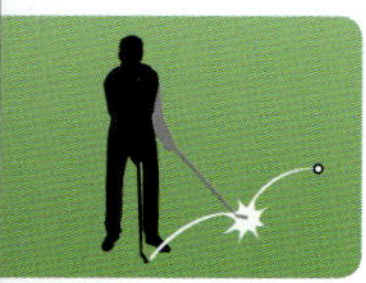

Doppelschlag

Wenn Sie beim Schlag hängen bleiben und den Ball aus Versehen mehr als einmal treffen, ist dies neu straflos (siehe Seite 21).

Sandberührung im Bunker

Nach wie vor darf der Schläger nicht hinter dem Ball aufgesetzt werden, doch die Regeln sind nun wesentlich entspannter hinsichtlich beiläufiger Sandberührung (siehe Seiten 22f.).

Lose Naturstoffe
Blätter, Zweige, Steine, Äste usw. dürfen neu auch in Bunker und Penalty Areas (neuer Name für Wasserhindernisse) entfernt werden (siehe Seiten 23 und 31).

Unspielbarer Ball im Bunker
Es steht neu eine vierte Droppmöglichkeit außerhalb des Bunkers zur Verfügung – allerdings kostet diese Option 2 Strafschläge (siehe Seite 25).

Penalty Areas
Wasserhindernisse heißen neu Penalty Areas und müssen nicht mehr zwingend Wasser enthalten (siehe Seite 27).

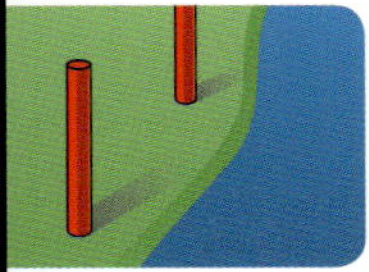

Droppmöglichkeiten bei Penalty Areas
Bei der roten Penalty Area kann nicht mehr auf der gegenüberliegenden Seite des Kreuzungspunkts gedroppt werden (siehe Seite 29).

Boden- und Wasserberührung in Penalty Areas
Neu darf der Schläger am Boden und im Wasser aufgesetzt werden (siehe Seite 30).

Provisorischer Ball
Ein solcher kann neuerdings auch gespielt werden, nachdem bereits eine Weile nach dem ersten Ball gesucht wurde (siehe Seite 34).

Ball bewegt sich auf Grün nach Markieren und Zurücklegen
Bewegt sich der Ball, nachdem er markiert und wieder hingelegt wurde, von selbst oder durch Wind, muss er neuerdings wieder zurückgelegt werden (siehe Seite 38).

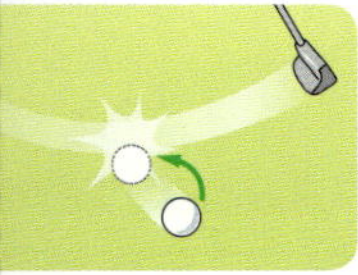

Ball auf Grün aus Versehen durch Spieler bewegt
Das versehentliche Bewegen des Balls ist auf dem Grün nun in allen Fällen straflos (siehe Seite 39).

Schäden auf Grün ausbessern
Neu dürfen praktisch alle Beschädigungen ausgebessert werden, insbesondere auch Spikemarken (siehe Seite 40).

Treffen der Fahnenstange
Neu kann die Fahne beim Putten im Loch gelassen werden, denn ihr Treffen ist straflos (siehe Seite 42).

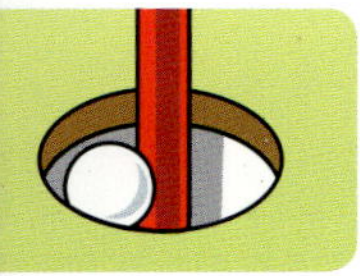

Ball an Fahnenstange eingeklemmt
In diesem Fall gilt der Ball neuerdings als eingelocht, sobald sich ein Teil des Balls unterhalb der Lochkante befindet (siehe Seite 43).

Ball trifft Gegner im Lochspiel
Der Ball muss gespielt werden, wie er liegt, es besteht nicht mehr die Wahlmöglichkeit, den Schlag zu wiederholen (ausgenommen Grün; siehe Seite 46).

So benutzen Sie diesen Kompaktführer:

Schritt 1

Die Schnellübersicht auf der letzten Seite zeigt Ihnen, ob Sie Erleichterung erhalten.

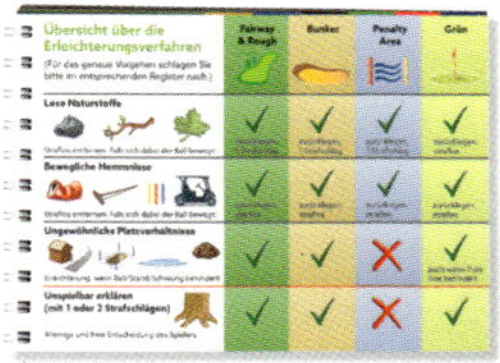

Schritt 2

Schlagen Sie den Bereich auf, in dem sich Ihr Ball befindet bzw. wo sich das Vorkommnis ereignet hat.

Schritt 3

Finden Sie anhand der Überschriften und Bilder die richtige Lösung für Ihren Regelfall.

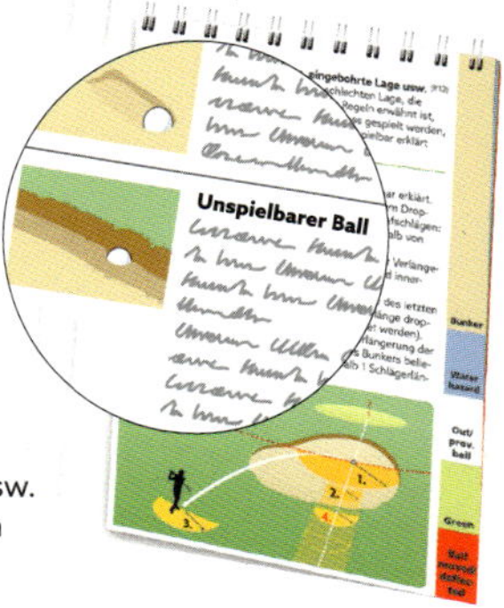

(Innerhalb der Register sind die Themen weitgehend chronologisch angeordnet, d. h. in derselben Reihenfolge, wie sie auch im natürlichen Verlauf des Spiels auftreten würden: Zuerst geht es um Fragen im Zusammenhang mit dem Auffinden des Balls, seiner Lage, dem Probeschwung, dem Aufsetzen des Schlägers usw. Anschließend folgen die Erleichterungsverfahren und zum Schluss wird besprochen, was beim Schlag passieren kann.)

Nach jeder Überschrift finden Sie die offizielle Regelnummer (in Klammern) – so können Sie bei Bedarf das offizielle Regelbuch jederzeit zurate ziehen.

Achten Sie auf etwaige Platzregeln und die Turnierausschreibung.

Beachten Sie die Verhaltensvorschriften (Etikette). Schwerwiegendes Fehlverhalten kann mit Strafschlägen bis hin zur Disqualifikation geahndet werden.

Grundlagen und Droppen

Grundstrafen

**Zählspiel:
2 Strafschläge**

**Lochspiel:
Lochverlust**

Zählspiel und Lochspiel (R1/3)

Im Golf unterscheidet man zwei Spielformen: Das verbreitete Zählspiel und das seltenere Lochspiel. Im Großen und Ganzen gelten dieselben Regeln. Während die Grundstrafe beim Zählspiel 2 Strafschläge ist, verliert der Spieler beim Lochspiel sofort das Loch.

Abweichende Lochspielregeln sind in diesem Buch grau und kursiv dargestellt.

Einlochen und Schenken (R3/21)

Grundsätzlich muss der Ball, mit dem abgeschlagen wird, bis ins Loch gespielt werden, sonst droht Disqualifikation. Nur bei gewissen Spielformen (z. B. Stableford, Höchstergebnis) kann ein Loch aufgegeben bzw. gestrichen werden, ohne einzulochen.

LOCHSPIEL: Ein Loch kann aufgegeben werden, ohne einzulochen. Zudem kann der Spieler seinem Gegner den nächsten Schlag als eingelocht schenken. Geschenke können weder abgelehnt noch zurückgenommen werden. Spielt der Beschenkte das Loch dennoch zu Ende, ändert das nichts am Resultat.

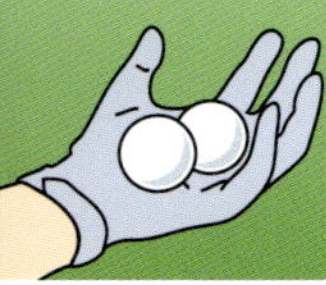

Ball austauschen (R6/14)

Zwischen den Löchern darf der Ball jederzeit ausgetauscht werden. *Während* des Spielens eines Lochs nur, wenn er verloren ist, für ein Erleichterungsverfahren aufgenommen wurde oder während des Lochs beschädigt wurde (deutliche Einkerbung oder Riss, lediglich Kratzer reichen nicht).

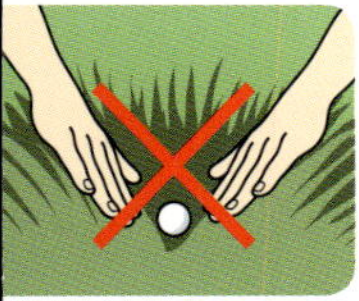

Ball spielen, wie er liegt (R6/8/9)

Ein Grundsatz besagt: Sofern nicht eine Regel etwas anderes gestattet, sollten Sie

- den Ball zwischen Abschlag und Grün nicht berühren,
- den Ball spielen, wie er liegt (bzw. wenn seine Lage verändert wurde, wie er lag, als er zur Ruhe kam),
- den Platz spielen, wie Sie ihn vorfinden.

Wenn Sie Ihren Ball spielen, wie er liegt, können Sie praktisch nie etwas falsch machen, es sei denn, der Ball liegt im *Aus*, auf einem *falschen Grün* oder in einer *Spielverbotszone*, von der das Spiel durch Platzregel verboten wurde (Junganpflanzung, Naturschutzgebiet usw.).

Zwei Bälle spielen (nur im Zählspiel!)

Zweifel über Regelfall (R20)

Versuchen Sie nie, die Golfregeln zu Ihren Gunsten zu verbiegen, denn das endet meistens in einem Regelverstoß. Wenn Sie unsicher sind und zwischen zwei Vorgehensweisen schwanken, können Sie zwei Bälle spielen: Kündigen Sie an, welcher von beiden Bällen zählen soll, falls *beide* Varianten regelkonform sein sollten, und spielen Sie dann beide Bälle bis ins Loch. Notieren Sie beide Schlagzahlen und klären Sie den Fall nach der Runde *unbedingt* mit der Spielleitung, bevor Sie Ihre Scorekarte unterschreiben und abgeben.

LOCHSPIEL: Keine Möglichkeit, zwei Bälle zu spielen – die Spieler müssen selbst eine Lösung finden. Wenn Sie mit dem Vorgehen Ihres Gegners nicht einverstanden sind, teilen Sie ihm sofort mit, dass Sie eine Regelentscheidung verlangen, und lassen Sie den Fall später durch einen Schiedsrichter oder die Spielleitung klären.

Schlägerlänge (Erkl.)

Als Schlägerlänge gilt der längste Schläger, den der Spieler dabei hat, ausgenommen der Putter.

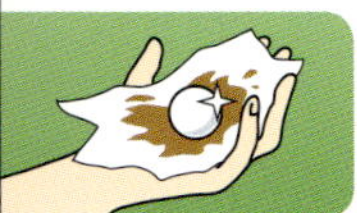

Droppen und erneut droppen (R14)

Beim Droppen muss der Spieler einen Ball aus Kniehöhe im Erleichterungsbereich (1 oder 2 Schlägerlängen) fallen lassen. Ein Ball, der gedroppt wird, darf gereinigt werden, es darf zum Droppen aber auch stets ein neuer Ball verwendet werden. Beachten Sie, dass die Stelle zum Droppen nie näher beim Loch liegen darf. *Vor* dem Auftreffen am Boden darf der Ball keinesfalls den Spieler treffen.
Trifft der Ball *nach* dem Auftreffen am Boden aus Versehen den Spieler oder seine Ausrüstung und bleibt danach im Erleichterungsbereich liegen, ist er korrekt gedroppt.

Ball trifft Spieler vor dem Auftreffen: Erneut droppen

Ball rollt aus Erleichterungsbereich: Erneut droppen

Ball trotz versehentlicher Ablenkung korrekt gedroppt

Bleibt der Ball nicht im Erleichterungsbereich liegen, muss er erneut gedroppt werden. Bleibt er auch beim zweiten Droppen nicht im Erleichterungsbereich liegen, muss der Ball hingelegt werden, und zwar an der Stelle, wo er beim zweiten Fallenlassen auf dem Boden auftraf. Bleibt der Ball auch beim Hinlegen nach zwei Versuchen nicht liegen, ist er an der nächsten Stelle hinzulegen, wo er liegen bleibt.

Zweimal fallen lassen, dann hinlegen

Falsch gedroppt (R14)

Haben Sie einen Ball an einem falschen Ort oder auf falsche Art gedroppt, jedoch *noch nicht gespielt,* dürfen Sie den Ball straflos aufnehmen und korrekt droppen. Haben Sie den Ball *bereits gespielt,* gibt es folgende Strafen:

- **Von falschem Ort gespielt (außerhalb des Erleichterungsbereichs)**
  2 Strafschläge wegen Spielens von falschem Ort (Disqualifikation möglich, wenn der Ort so falsch war, dass daraus ein erheblicher Vorteil oder Distanzgewinn resultierte).
- **Falsch gedroppt, aber von richtigem Ort gespielt**
  Außerhalb des Erleichterungsbereichs gedroppter Ball rollt in den Erleichterungsbereich; nicht in Kniehöhe gedroppt: 1 Strafschlag.
- **Hingelegt anstatt gedroppt**
  2 Strafschläge.

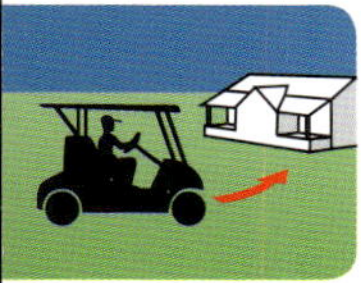

Spielunterbrechung/Gewitter (R5)

Wurde das Spiel durch Warnsignal ausgesetzt (z. B. Böllerschuss), *muss* das Spiel unterbrochen werden: Ball markieren, aufnehmen und später zurücklegen. Ein angefangenes Loch darf auch zu Ende gespielt werden, sofern die Spielleitung nicht die sofortige Unterbrechung des Spiels angeordnet hat.

Bei Blitzgefahr müssen Sie *nicht* auf einen offiziellen Abbruch warten!

Spieler, die ihre Runde ohne triftigen Grund unterbrechen, z. B. lediglich wegen starken Regens, werden disqualifiziert.

LOCHSPIEL: Unterbrechung ist erlaubt, sofern beide Gegner einverstanden sind.

Am Abschlag

Verspätung (R5)

Ist ein Spieler zu seiner Abschlagszeit nicht spielbereit, führt dies in aller Regel zu Strafen: Verspätung bis 5 Minuten = 2 Strafschläge, mehr als 5 Minuten = Disqualifikation.

Die Runde *vor* der Abschlagszeit zu starten, ist ebenfalls nicht gestattet.

Max. 14 Schläger (R4)

Es sind höchstens 14 Schläger erlaubt. Haben Sie aus Versehen mehr dabei, müssen Sie die überzähligen Schläger *vor Beginn* der Runde aus dem Bag entfernen oder für neutralisiert erklären (z. B. umgekehrt in den Golfbag stecken). Neutralisierte Schläger dürfen nicht mehr verwendet werden (Disqualifikation). Bemerken Sie die überzähligen Schläger erst *nach Beginn* der Runde, müssen Sie sie unverzüglich für neutralisiert erklären. Pro Loch, an dem Sie zu viele Schläger dabeihatten, erhalten Sie 2 Strafschläge, jedoch höchstens 4 Strafschläge pro Runde.

Es ist nicht erlaubt, von einem anderen Spieler auf dem Platz einen Schläger zum Spielen auszuleihen.

Ehre/Spielfolge (R6)

Am ersten Abschlag richtet sich die Spielreihenfolge nach der Startliste. An den weiteren Abschlägen hat jeweils die Ehre, als Erster abzuschlagen, wer am vorhergehenden Loch das beste Resultat erzielt hat.

LOCHSPIEL: Die Ehre gebührt dem Spieler, der das letzte Loch gewonnen hat.

Falsche Spielreihenfolge (R6)

Schlägt ein Spieler ab, obwohl er nicht an der Reihe war, zählt dies dennoch und ist straflos. Haben sich jedoch Spieler über eine falsche Reihenfolge *abgesprochen*, um einem von ihnen einen *taktischen Vorteil* zu gewähren, erhält jeder von ihnen 2 Strafschläge.

LOCHSPIEL: Straflos, doch kann der Gegner sofort verlangen, dass der Spieler seinen Schlag annulliert und in der richtigen Reihenfolge wiederholt.

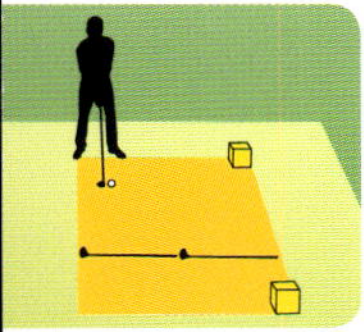

Abschlagsfläche (Erkl./R6)

Die Abschlagsfläche erstreckt sich von den Markierungen aus 2 Schlägerlängen nach hinten. Der *Ball* muss von innerhalb dieser Fläche gespielt werden, der Spieler selbst darf hingegen auch außerhalb stehen. Der Ball darf aufgeteet werden.
Ein Ball ist außerhalb des Abschlags, wenn er vollständig außerhalb ist.

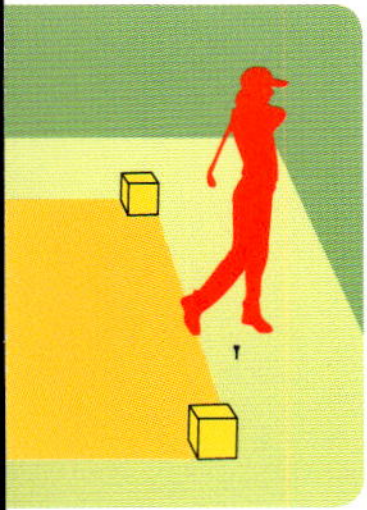

Von außerhalb des Abschlags gespielt (R6)

Schlägt ein Spieler außerhalb der Abschlagsfläche ab, zählt der Schlag nicht und er erhält 2 Strafschläge. Der Spieler muss seinen Fehler beheben, indem er von innerhalb der Abschlagsfläche erneut abschlägt (3. Schlag).

Wird der Fehler nicht behoben, droht Disqualifikation.

LOCHSPIEL: Straflos, doch kann der Gegner sofort verlangen, dass der Spieler seinen Schlag annulliert und von innerhalb der Abschlagsfläche wiederholt.

Von falschem Abschlag gespielt (R6)

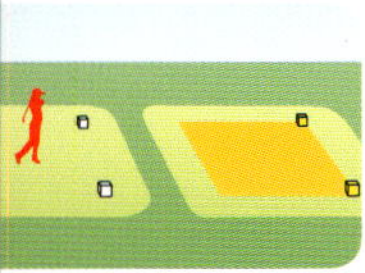

Schlägt ein Spieler von einem falschen Abschlag ab, gilt dieselbe Regelung wie beim Spielen von außerhalb des Abschlags (siehe vorhergehende Seite).

Abschlagsmarkierungen (R6)

Vor dem Abschlag gelten die Markierungen als feste Einrichtungen und dürfen nicht bewegt werden, um sich einen Vorteil zu verschaffen (2 Strafschläge). Ist der Ball jedoch auf einem anderen Abschlag gelandet, gelten sie dort als bewegliche Hemmnisse und dürfen straflos entfernt werden.

Erleichterungen (R6/8/15)

Am Abschlag dürfen Sie Bodenunebenheiten niederdrücken und sogar Gräser ausreißen. Sämtliche herumliegenden Gegenstände, ob natürlich oder künstlich (ausgenommen die Abschlagsmarkierungen, siehe oben), dürfen Sie straflos entfernen.

Ball fällt vom Tee (R6)

Wird der Ball vor dem Abschlag aus Versehen vom Tee gestupst (z. B. beim Aufsetzen des Schlägers oder durch einen Probeschwung zu nah am Ball), zählt das nicht als Schlag. Der Ball darf straflos wieder aufgeteet werden.

Luftschlag (Erkl./R6)

Jeder Schlag zählt, selbst wenn der Ball aus Versehen verfehlt wurde. Befindet sich der Ball nach einem missglückten Abschlag immer noch innerhalb der Abschlagsfläche, darf straflos neu aufgeteet werden.

Beratung und Spiellinie (R10)

Es ist erlaubt, sich über Distanzen, die Lage von Bunkern oder Penalty Areas, die Fahnenposition, die Regeln und andere allgemein zugängliche Informationen zu unterhalten. Falls Sie das Grün vom Abschlag aus nicht sehen können, dürfen Sie sich seine Lage angeben lassen.

Nicht erlaubt ist es hingegen, vor dem Schlag um Rat zu *fragen* oder Ratschläge zu *erteilen* („Welchen Schläger hast du genommen?", „Nimm ein Eisen sieben!" usw.), sonst gibt es 2 Strafschläge. Ein Spieler, der Beratung erhält, obwohl er nicht danach gefragt hat, bleibt straflos.

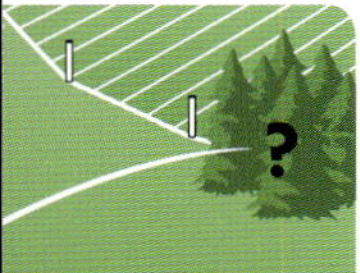

Provisorischen Ball spielen

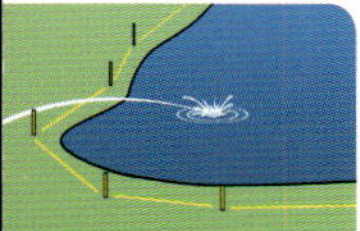

Keinen provisorischen Ball spielen

Provisorischer/verlorener Ball (R18)

Befürchten Sie, dass Ihr Ball unauffindbar oder im Aus gelandet sein könnte, spielen Sie einen provisorischen Ball: Kündigen Sie diesen als „provisorisch" an, teen Sie ihn auf und spielen Sie ihn dann, bis Sie die Stelle erreichen, wo der ursprüngliche Ball ungefähr liegen sollte. (Für das weitere Vorgehen siehe Seiten 35f.)

Wenn Sie Ihren zweiten Ball nicht ausdrücklich als „provisorisch" ankündigen, wird er mit 1 Strafschlag zum neuen Ball im Spiel.

Ist Ihr Ball in eine *Penalty Area* geflogen, haben Sie *nicht* die Möglichkeit, einen provisorischen Ball zu spielen.

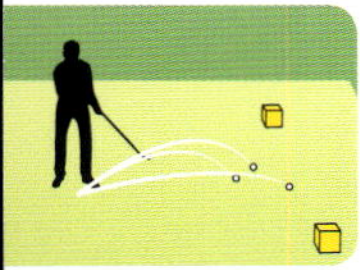

Chippen und Putten zum Zeitvertreib (R5)

Es ist erlaubt, am Abschlag zu putten und zu chippen, während man darauf wartet, abschlagen zu können.

Im Gelände (Fairway, Rough usw.)

- Fairway
- Semirough
- Rough
- andere Abschläge
- fremde Grüns

Was gilt als Gelände? (R2)

Der Begriff „Gelände“ umfasst jedes Fairway, Semirough, Rough, Vorgrün sowie alle *anderen* Abschläge und *fremden* Grüns. Befinden Sie sich in einem anderen Bereich (Abschlag, Bunker, Penalty Area, Aus, Grün), schlagen Sie bitte beim entsprechenden Register nach.

Ball suchen (Erkl./R14/18)

Sie haben höchstens 3 Minuten zur Verfügung, um Ihren Ball zu finden. Nach Ablauf dieser Zeit gilt er als verloren und Sie müssen mit 1 Strafschlag zurück zur Stelle des letzten Schlags und innerhalb 1 Schlägerlänge droppen (am Abschlag darf aufgeteet werden).

Ball beim Suchen bewegt (R7)

Wenn Sie oder ein Mitspieler Ihren Ball aus Versehen beim Suchen bewegen, müssen Sie ihn straflos zurücklegen. Falls Sie die ursprüngliche Lage nicht kennen, muss sie so gut wie möglich geschätzt werden. Wenn Sie den Ball nicht zurücklegen, spielen Sie von einem falschen Ort und erhalten dafür 2 Strafschläge.

Ball identifizieren (R7/14)

Falls Sie nicht erkennen können, ob der gefundene Ball der Ihre ist, dürfen Sie ihn zwecks Identifizierung markieren und aufnehmen. Wurde die Lage nicht markiert oder der Ball mehr als zur Identifizierung nötig gereinigt, gibt es 1 Strafschlag.

Anschließend ist der Ball an genau dieselbe Stelle zurückzulegen und die ursprüngliche Lage ist wiederherzustellen (d. h. gegebenenfalls Ball zwischen hohen Gräsern einbetten usw.).

☛ Aus Höflichkeit und zur Vermeidung von Missverständnissen ist es ratsam, die Mitspieler vorab über das Vorgehen zu informieren.

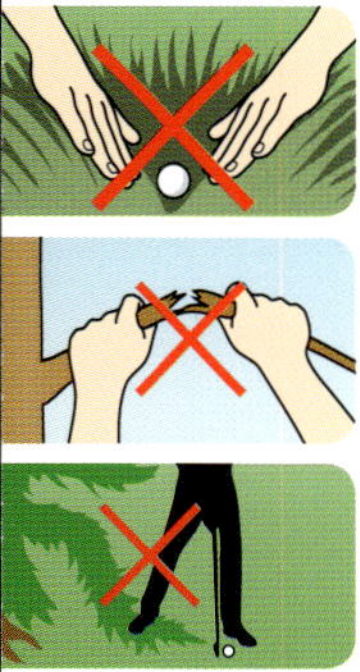

Nichts abbrechen oder wegbiegen (R8/9)
Sie müssen die Lage akzeptieren, wie Sie sie vorfinden. Sie dürfen nichts, das angewachsen oder befestigt ist, vor dem Schlag *bewegen, biegen oder brechen,* um die Lage des Balls, den Raum für Stand oder Schwung oder die Spiellinie zu verbessern (2 Strafschläge). Ebenfalls 2 Strafschläge erhalten Sie, wenn Sie bei Ihrem *Probeschwung* etwas abknicken oder abbrechen, das Ihnen für den anschließenden Schlag einen Vorteil verschafft.

Zur Zeitersparnis: straflos

Falsche Spielreihenfolge (R6)
Es ist immer jener Spieler an der Reihe, dessen Ball am weitesten vom Loch entfernt ist. Zur Zeitersparnis wird jedoch oft davon abgewichen. Schlägt ein Spieler, der nicht an der Reihe war, zählt das dennoch und ist straflos. (Ausnahme: Haben sich Spieler über eine falsche Reihenfolge *abgesprochen,* um einem von ihnen einen *taktischen Vorteil* zu gewähren, erhält jeder von ihnen 2 Strafschläge.)

LOCHSPIEL: Straflos, doch kann der Gegner sofort verlangen, dass der Spieler seinen Schlag annulliert und in der richtigen Reihenfolge wiederholt.

Beratung und Spiellinie (R10)

Es ist erlaubt, sich über Distanzen, die Lage von Bunkern oder Penalty Areas, Ausgrenzen, die Fahnenposition, die Regeln und andere allgemein zugängliche Informationen zu unterhalten. Falls Sie die Fahne nicht sehen können, dürfen Sie sich die Spiellinie angeben lassen. (Bevor Sie Ihren Schlag ausführen, müssen jedoch in Position gebrachte Personen oder Gegenstände wieder entfernt werden.)
Nicht erlaubt ist es hingegen, vor dem Schlag um Rat zu *fragen* oder Ratschläge zu *erteilen* („Welchen Schläger hast du genommen?", „Welchen Schläger soll ich nehmen?", „Nimm ein Eisen sieben!" usw.), sonst gibt es 2 Strafschläge.
Ein Spieler, der Beratung erhält, obwohl er nicht danach gefragt hat, bleibt straflos.

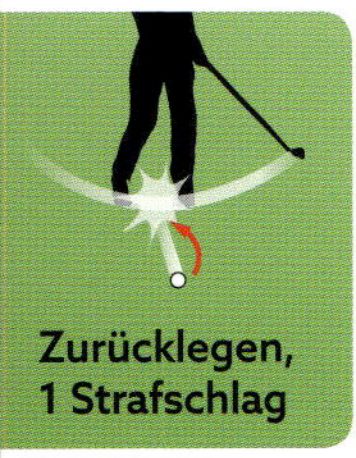

Zurücklegen, 1 Strafschlag

Ball beim Probeschwung bewegt (R9)

Wenn Sie einen Probeschwung machen und dabei aus Versehen Ihren Ball bewegen, zählt dies nicht als Schlag und Sie müssen den Ball mit 1 Strafschlag zurücklegen. Wenn Sie ihn nicht zurücklegen, erhalten Sie 2 Strafschläge wegen Spielens von falschem Ort.

Zurücklegen, 1 Strafschlag

Ball beim Aufsetzen des Schlägers bewegt (R9)

Wenn Sie durch das Aufsetzen des Schlägers verursachen, dass sich Ihr Ball bewegt, müssen Sie ihn zurücklegen und erhalten 1 Strafschlag. Wenn Sie ihn nicht zurücklegen, erhalten Sie 2 Strafschläge wegen Spielens von falschem Ort.

Bälle dicht beieinander (R14/15)

Liegen zwei Bälle so dicht beieinander, dass sie gegenseitig das Spiel behindern, darf ein Ball markiert, aufgenommen - aber nicht gereinigt - und anschließend zurückgelegt werden.

Eingebetteter Ball (R16)

Hat sich Ihr Ball bei der Landung im Boden eingebohrt, dürfen Sie ihn aufnehmen, reinigen und straflos innerhalb 1 Schlägerlänge, nicht näher zum Loch, fallen lassen.

Lose Naturstoffe (Erkl./R15)

Blätter, Zweige, Steine, abgemähtes Gras oder andere *natürliche* Sachen dürfen Sie straflos entfernen. Wenn sich dabei der Ball bewegt: Ball zurücklegen, 1 Strafschlag.

☛ Sand und lose Erde dürfen nur auf dem Grün, nicht aber im Gelände entfernt werden, sonst gibt es 2 Strafschläge.

Bewegliche Hemmnisse (R15)

Flaschen, Dosen, Schilder, Markierungspfähle (gelb, rot, blau) oder andere *künstliche* Sachen dürfen Sie straflos entfernen. Wenn sich der Ball dabei bewegt: Ball zurücklegen, straflos. Liegt der Ball *in* oder *auf* dem beweglichen Hemmnis, darf es ebenfalls entfernt werden. Anschließend ist der Ball innerhalb 1 Schlägerlänge seiner ursprünglichen Lage fallen zu lassen.

☛ *Auspfosten* dürfen *nie* entfernt werden!

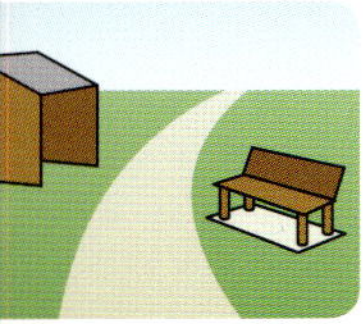

Ungewöhnliche Platzverhältnisse (R16)

Unter diesen Begriff fallen folgende Begebenheiten:

- **Unbewegliche Hemmnisse**
  Feste künstliche Einrichtungen wie z. B. Straßen und Wege mit *künstlicher Oberfläche,* Mauern, Blitzschutzhütten usw. (ausgenommen Gegenstände, die das Aus kennzeichnen oder durch die Platzregeln zum Bestandteil des Platzes erklärt wurden).
- **Boden in Ausbesserung**
  Blau markiert oder in den Platzregeln erwähnt sowie Gras oder anderes zum Abtransport angehäuftes Material und von Platzpflegern gemachte Löcher (ausgenommen Bodenbelüftungslöcher).
- **Zeitweiliges Wasser**
  Pfützen, bei denen Wasser sichtbar ist, wenn der Spieler seinen Stand einnimmt.
- **Tierlöcher**
  Löcher und Wühlspuren von Tieren (ausgenommen Würmer und Insekten) wie z. B. Maulwurfshügel, Mause- und Kaninchenlöcher.

Liegt Ihr Ball in einem der erwähnten Umstände oder wird Ihr *Stand* oder *Schwung* dadurch behindert (Behinderung der Spiellinie oder lediglich optische Beeinträchtigung reichen nicht aus!), erhalten Sie straflose Erleichterung.

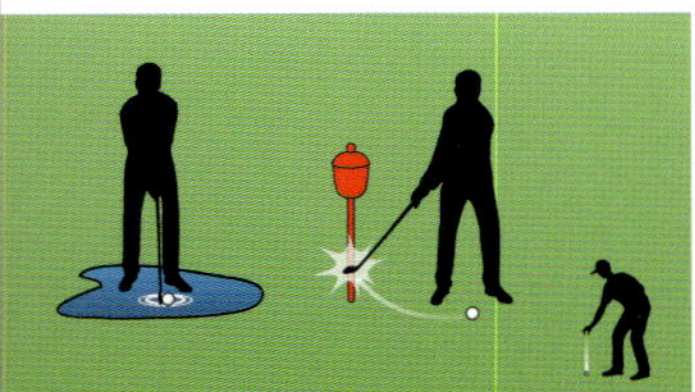
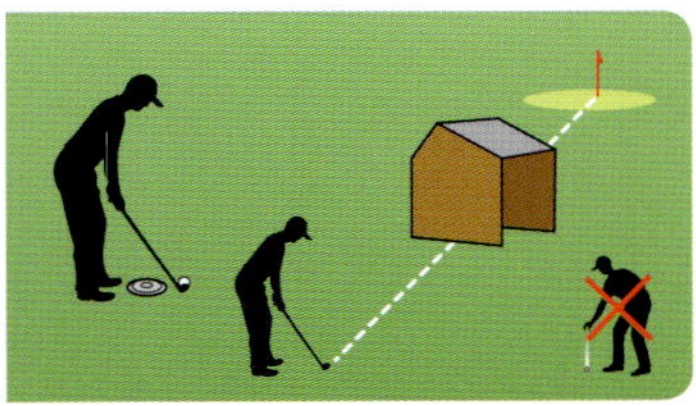

Um Erleichterung zu nehmen, bestimmen Sie den nächsten Punkt, an dem der Ball nicht in den ungewöhnlichen Platzverhältnissen liegt und Sie ohne Behinderung davon stehen und schwingen können. Lassen Sie den Ball straflos innerhalb 1 Schlägerlänge davon fallen.

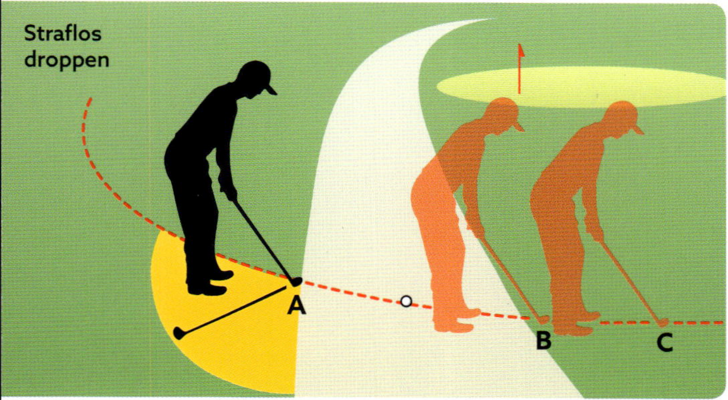

Im Bild: Punkt A ist der nächstgelegene Punkt der Erleichterung. Punkt B ist zwar gleich weit entfernt, doch ist hier keine vollständige Erleichterung gegeben, da der Spieler noch auf der Straße stehen müsste. Bei Punkt C ist zwar keine Behinderung gegeben, doch ist dieser Punkt weiter von der ursprünglichen Balllage entfernt.

☛ Der nächstgelegene Punkt kann auch in einem Gebüsch, im Rough oder an einem Hang liegen – dann empfiehlt es sich unter Umständen, den Ball zu spielen, wie er liegt.

☛ Liegt der Ball in einer Spielverbotszone oder behindert diese den Spieler im Stand oder Schwung, muss er stets straflose Erleichterung nehmen und darf den Ball nicht spielen, wie er liegt.

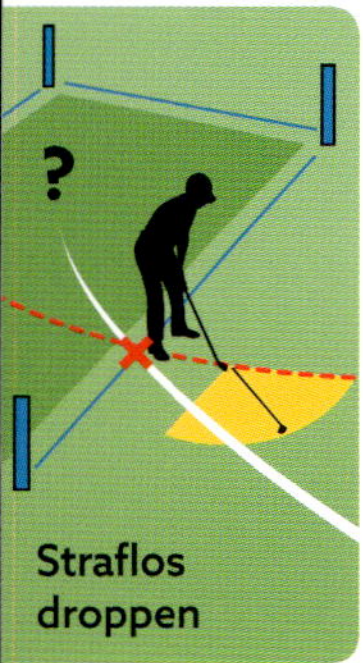

Ball in ungewöhnlichen Platzverhältnissen verloren (R16)

Wenn Sie Ihren Ball nicht finden können und dabei sicher sind, dass er nur in ungewöhnlichen Platzverhältnissen verloren sein kann, erhalten Sie ebenfalls straflose Erleichterung: Verfahren Sie genau gleich, wie auf der vorhergehenden Seite beschrieben, als Ausgangspunkt dient nun aber nicht der Ball, sondern die Stelle, wo Ihr Ball zuletzt die Grenze der ungewöhnlichen Platzverhältnisse gekreuzt hat.

Falsches Grün (R13)

Ist Ihr Ball auf einem falschen Grün gelandet (auch Übungsgrün) oder so nahe daran, dass Sie auf dem falschen Grün stehen müssten, dürfen Sie ihn zur Schonung nicht von dort spielen, sondern *müssen* straflose Erleichterung nehmen: Gehen Sie zum nächstgelegenen Grünrand, nicht näher zum Loch, wo der Ball nicht mehr auf dem Grün liegt und Sie auch nicht auf dem Grün stehen, und droppen Sie den Ball innerhalb 1 Schlägerlänge. Dies kann unter Umständen noch auf dem Vorgrün sein.

Divots, Traktorspuren, kahle Stellen usw. (R8)

Liegt der Ball in einer schlechten Lage, die nicht ausdrücklich in den Regeln erwähnt ist, so ist das Pech. Der Ball muss gespielt werden, wie er liegt, oder kann für unspielbar erklärt werden (mit 1 Strafschlag, siehe unten).

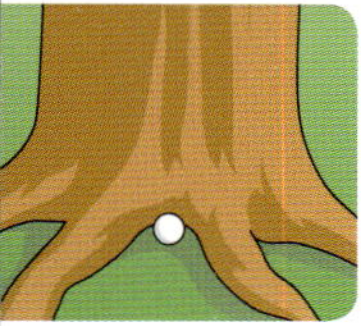

Unspielbarer Ball (R19)

Wenn ein Ball sehr schlecht liegt, empfiehlt es sich, ihn für unspielbar zu erklären. Dies ist die freie Entscheidung des Spielers und bedarf nicht etwa der Zustimmung seines Zählers. Sie haben dann drei Möglichkeiten zum Fallenlassen, alle mit 1 Strafschlag:

1. Mit 1 Strafschlag innerhalb von 2 Schlägerlängen droppen.
2. Mit 1 Strafschlag auf der Verlängerung der Linie Loch–Ball beliebig weit zurück und innerhalb 1 Schlägerlänge droppen.
3. Mit 1 Strafschlag zurück zur Stelle des letzten Schlags und innerhalb 1 Schlägerlänge droppen (am Abschlag darf aufgeteet werden).

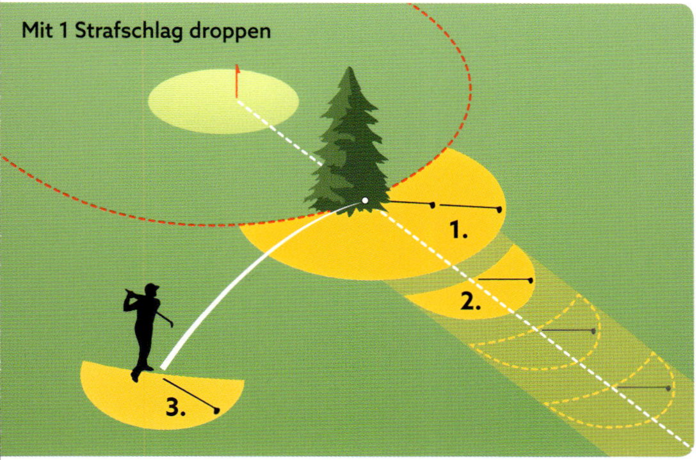

Rollt der Ball nach dem Droppen zurück in die unspielbare Lage oder liegt er sonst wie schlecht, ist das Pech. Der Ball muss gespielt werden, wie er liegt, oder er kann erneut für unspielbar erklärt werden, mit 1 erneuten Strafschlag.

Falscher Ball/Verwechslung (R6)

Haben Sie einen falschen Ball gespielt, zählt dieser Schlag nicht, doch Sie erhalten 2 Strafschläge. Sie müssen zurück zur Stelle, wo Sie den Ball verwechselt haben, und Ihren richtigen Ball spielen (falschen Ball zurücklegen).

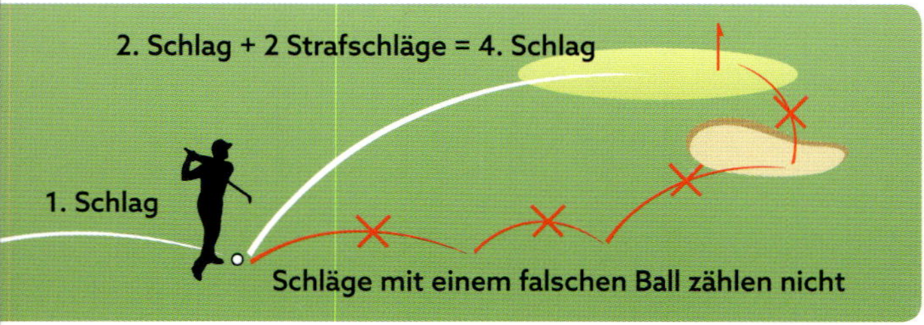

Finden Sie Ihren richtigen Ball nicht mehr, müssen Sie zurückgehen zur Stelle, wo Sie zuletzt mit dem richtigen Ball gespielt haben, und dort mit 1 weiteren Strafschlag innerhalb 1 Schlägerlänge einen Ball fallen lassen (am Abschlag darf aufgeteet werden).

Wenn Sie mit einem falschen Ball einlochen und den Fehler nicht beheben, droht Disqualifikation.

Ball trifft äußeren Einfluss oder Spieler (R11)

Trifft Ihr Ball aus Versehen eine Person, Tier oder Gegenstand (z. B. Mitspieler, Zuschauer, anderen Ball, Leitungsmast, Baum usw.), ist dies Zufall: Straflos den Ball weiterspielen, wie er liegt.

Dies gilt auch, wenn Sie aus Versehen sich selbst oder Ihre Ausrüstung treffen. Beachten Sie jedoch, dass Sie keinerlei Ausrüstung oder sonstigen Gegenstand als etwaigen „Ballstopper" platzieren dürfen (2 Strafschläge).

Ruhender Ball durch äußeren Einfluss bewegt oder entwendet (R9/14)

Wird Ihr ruhender Ball durch äußeren Einfluss bewegt (z. B. Zuschauer, Tier, anderer Spieler, anderer Ball), müssen Sie Ihren Ball straflos zurücklegen. Wurde Ihr Ball sogar aufgehoben und mitgenommen, dürfen Sie straflos einen *neuen* Ball an die Stelle legen, wo der Ball lag. Falls Sie die ursprüngliche Lage nicht kennen, muss sie so gut wie möglich geschätzt werden.

LOCHSPIEL: Wird Ihr Ball durch den Gegner bewegt, während nach ihm gesucht wird, ist das straflos. Wurde nicht nach dem Ball gesucht, erhält der Gegner in aller Regel 1 Strafschlag. Der Ball muss zurückgelegt werden.

Verlorener Ball (R18)

Wenn Sie Ihren Ball nicht innerhalb von 3 Minuten Suchzeit finden oder wenn Sie ihn nicht zweifelsfrei als Ihren eigenen identifizieren können (Sie finden z. B. zwei gleiche Bälle oder Sie finden mehrere Bälle und wissen die Signatur Ihres Balls nicht mehr), ist er verloren: Mit 1 Strafschlag zurück zur Stelle des letzten Schlags und innerhalb 1 Schlägerlänge droppen (am Abschlag darf aufgeteet werden).

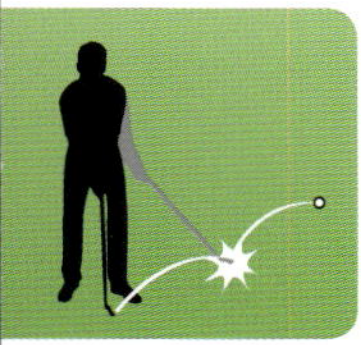

Doppelschlag (R10)

Falls Sie beim Schlag hängen bleiben und Ihren Ball aus Versehen mehr als einmal treffen, zählt dies dennoch nur als ein Schlag und ist straflos.

Im Bunker

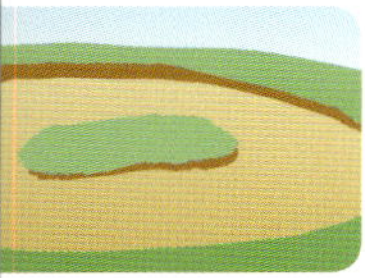

Grenze (Erkl./R12)

Ein Ball liegt im Bunker, wenn er den Sand darin berührt. Raseninseln im Bunker gehören nicht zum Bunker, sondern gelten als Gelände (siehe Register „Fairway & Rough").

Ball im Sand verschwunden (R7)

Ist Ihr Ball im Sand versunken, dürfen Sie rechen oder mit einem Schläger oder den Füßen tasten, um den Ball zu lokalisieren. Wird der Ball dabei bewegt: Straflos zurücklegen und ursprüngliche Lage wiederherstellen. Sie haben 3 Minuten Suchzeit zur Verfügung.

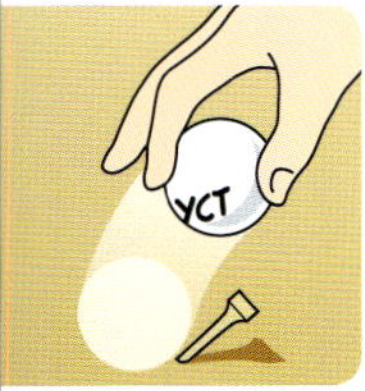

Ball identifizieren (R7/14)

Falls Sie nicht erkennen können, ob der gefundene Ball der Ihre ist, dürfen Sie ihn zwecks Identifizierung markieren und aufnehmen. Wurde die Lage nicht markiert oder der Ball mehr als zur Identifizierung nötig gereinigt, gibt es 1 Strafschlag. Anschließend ist der Ball zurückzulegen und die ursprüngliche Lage so gut wie möglich wiederherzustellen (d. h. gegebenenfalls Ball einbohren usw.).

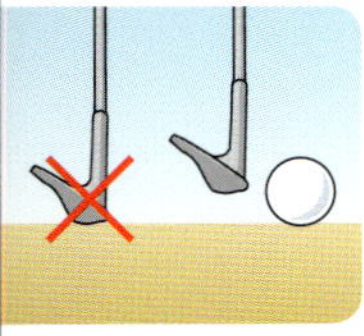

Sand nicht berühren oder prüfen (R12)

Die Beschaffenheit des Bunkers darf vor dem Schlag nicht geprüft werden, indem man z. B. mit der Hand den Sand anfasst oder mit dem Rechen oder einem Schläger seine Beschaffenheit ertastet. Zudem ist es nicht erlaubt, Probeschwünge mit Sandberührung zu machen, den Schläger vor oder hinter dem Ball aufzusetzen oder beim Rückschwung Sand zu berühren (2 Strafschläge).

Es ist hingegen erlaubt, den Rechen oder Schläger im Sand abzulegen, sich beiläufig auf den Schläger zu stützen, während man darauf wartet, spielen zu können, oder Spuren einzuebnen, wenn sich diese nicht auf der Spiellinie befinden und der Spieler dadurch keinen Vorteil für seinen Schlag erhält.

Bälle dicht beieinander (R14/15)
Liegen zwei Bälle so dicht beieinander, dass sie gegenseitig das Spiel behindern, darf ein Ball markiert, aufgenommen – aber nicht gereinigt – und anschließend zurückgelegt werden. Beim Zurücklegen muss die ursprüngliche Lage so gut wie möglich wiederhergestellt werden (d. h. gegebenenfalls Sand einebnen, Ball einbohren usw.).

Beratung und Spiellinie (R10)
Nach Distanzen, der Lage von Bunkern, Ausgrenzen usw. zu fragen ist erlaubt. Falls Sie die Fahne nicht sehen können, dürfen Sie sich die Spiellinie angeben lassen. *Tipps* bzw. *Fragen* zur Schlägerwahl oder Spielweise wären hingegen unerlaubte Beratung (2 Strafschläge).

Lose Naturstoffe (R15)
Blätter, Zweige, Steine und andere *natürliche* Sachen dürfen Sie straflos entfernen. Wenn sich dabei der Ball bewegt: Ball zurücklegen, 1 Strafschlag.

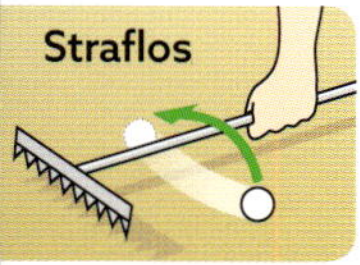

Bewegliche Hemmnisse (R15)
Den Rechen und andere *künstliche* Gegenstände dürfen Sie straflos entfernen. Bewegt sich der Ball dabei: Ball zurücklegen, straflos.

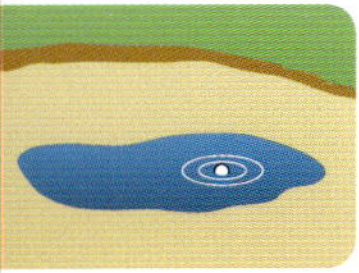

Ungewöhnliche Platzverhältnisse (R16)

Liegt Ihr Ball in ungewöhnlichen Platzverhältnissen (z. B. Pfütze, Boden in Ausbesserung, Tierloch usw., siehe Seite 16) oder werden Sie dadurch im Stand oder Schwung behindert, haben Sie Anspruch auf Erleichterung:

1. *Straflos im Bunker:* Am nächsten Punkt, an dem die Behinderung weitestgehend ausgeschlossen ist, innerhalb 1 Schlägerlänge droppen.
2. *Mit 1 Strafschlag außerhalb des Bunkers:* Auf der Verlängerung der Linie Loch–Ball beliebig weit zurück und innerhalb 1 Schlägerlänge droppen.

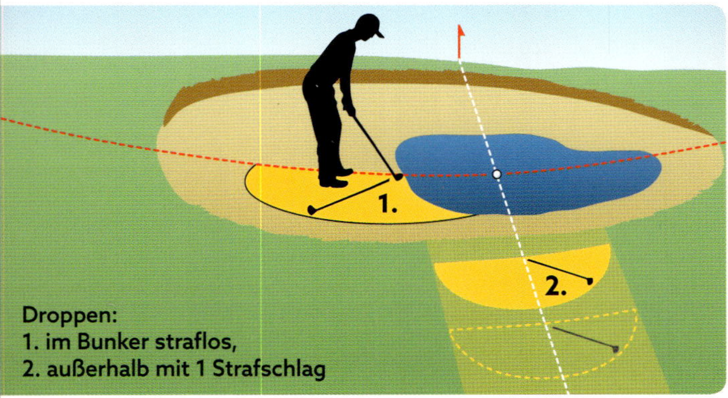

Als Tierloch gilt ein gegrabenes Loch inkl. Wühlspuren (lediglich Trittspuren reichen nicht).

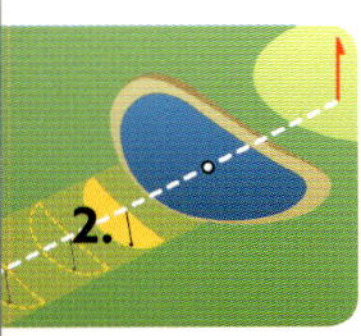

Bunker vollständig unter Wasser (R16)

Steht der Bunker völlig unter Wasser, bleibt dem Spieler faktisch nichts anderes übrig, als nach der 2. Variante (siehe oben) vorzugehen. Dabei muss er 1 Strafschlag in Kauf nehmen.

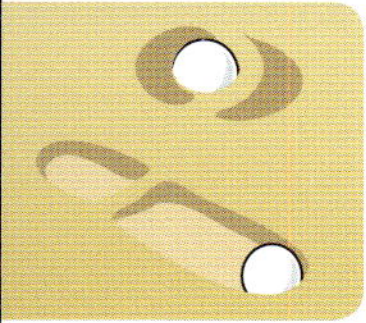

Alte Fußspuren, eingebohrte Lage usw. (R12)

Liegt der Ball in einer schlechten Lage, die nicht ausdrücklich in den Regeln erwähnt ist, so ist das Pech. Der Ball muss gespielt werden, wie er liegt, oder kann für unspielbar erklärt werden (siehe unten).

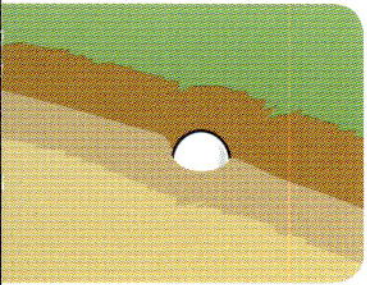

Unspielbarer Ball (R19)

Wird ein Ball im Bunker für unspielbar erklärt, hat der Spieler vier Möglichkeiten zum Droppen, alle verbunden mit 1 oder 2 Strafschlägen:

1. *Im Bunker* mit 1 Strafschlag innerhalb von 2 Schlägerlängen droppen.
2. *Im Bunker* mit 1 Strafschlag auf der Verlängerung der Linie Loch–Ball zurück und innerhalb 1 Schlägerlänge droppen.
3. Mit 1 Strafschlag zurück zur Stelle des letzten Schlags und innerhalb 1 Schlägerlänge droppen (am Abschlag darf aufgeteet werden).
4. Mit *2 Strafschlägen* auf der Verlängerung der Linie Loch–Ball *außerhalb des Bunkers* beliebig weit zurück und innerhalb 1 Schlägerlänge droppen.

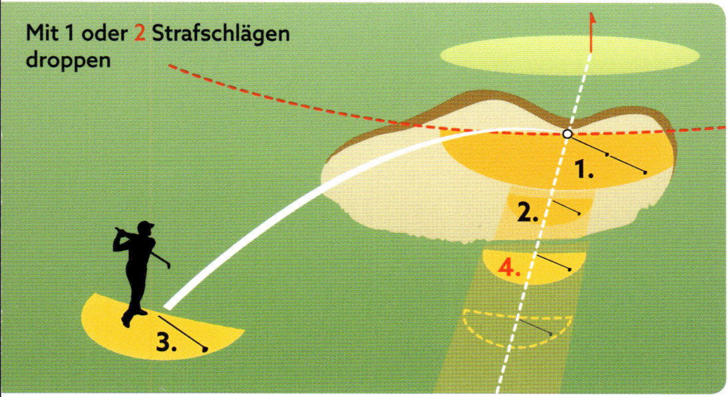

Falscher Ball/Verwechslung (R6)
Haben Sie einen falschen Ball gespielt, zählt dieser Schlag nicht, doch Sie erhalten 2 Strafschläge. Sie müssen zurück zur Stelle, wo Sie den Ball verwechselt haben, und Ihren richtigen Ball spielen (falschen Ball zurücklegen und ursprüngliche Lage wiederherstellen).

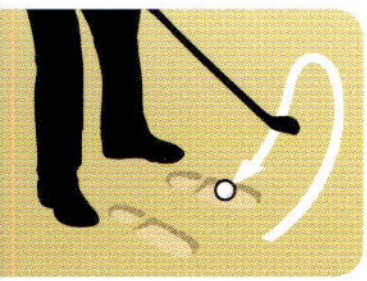

Ball rollt zurück in eigene Fußspuren (R8/12)
Rollt Ihr Ball zurück in Ihre eigenen Abdrücke im Sand, ist das Pech. Der Ball muss gespielt werden, wie er liegt, oder kann für unspielbar erklärt werden (siehe vorhergehende Seite).

Ball nicht aus Bunker heraus (R12)
Haben Sie den Ball nicht aus dem Bunker herausbekommen, sodass er weiter vorne im *selben* Bunker liegt, dürfen Sie die Spuren vom ersten Schlag mit dem Rechen einebnen, bevor Sie den nächsten Schlag spielen. Sie dürfen jedoch noch immer nicht den Schläger hinter dem Ball aufsetzen, Probeschwünge mit Sandberührung machen usw.

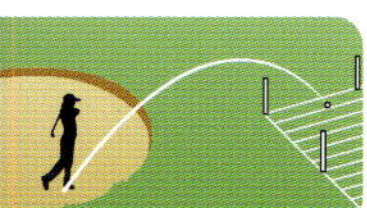

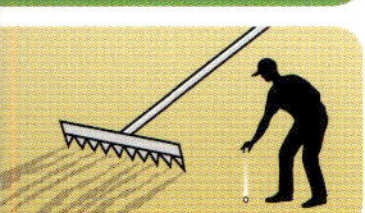

Ball ins Aus/verlorener Ball (R12/14/18)
Haben Sie Ihren Ball vom Bunker ins Aus geschlagen oder an eine Stelle, wo er nicht gefunden werden kann, müssen Sie mit 1 Strafschlag zurück zur Stelle des letzten Schlags und innerhalb 1 Schlägerlänge droppen – in diesem Fall erneut im Bunker. *Bevor* Sie den Ball fallen lassen, dürfen Sie den Sand rechen.

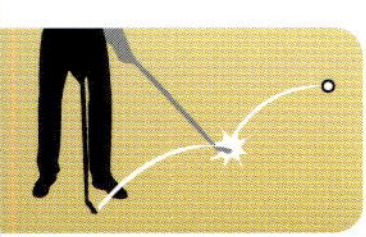

Doppelschlag (R10)
Falls Sie beim Schlag hängen bleiben und Ihren Ball aus Versehen mehr als einmal treffen, zählt dies dennoch nur als ein Schlag und ist straflos.

In der Penalty Area

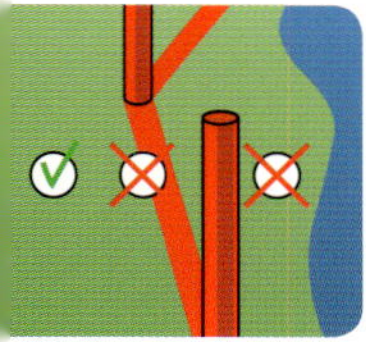

Grenze (Erkl./R17)
Ein Ball ist in der Penalty Area, sobald er deren Grenze berührt. Die Markierungspfähle stehen selbst in der Penalty Area, d. h., die Grenze verläuft außen. Es gibt rote und gelbe Penalty Areas.

Ball vielleicht in Penalty Area (R17/18)
Wenn ein Ball in *Richtung* Penalty Area fliegt, seine Landung aber nicht genau gesehen werden kann, darf die Regel für Penalty Areas nur angewandt werden, wenn so gut wie sicher ist, dass der Ball innerhalb der Penalty Area gelandet ist. Könnte er ebenso gut außerhalb gelandet sein, muss er als gewöhnlich verlorener Ball behandelt werden: Mit 1 Strafschlag zurück zur Stelle des letzten Schlags und innerhalb 1 Schlägerlänge droppen (am Abschlag darf aufgeteet werden).

Straflos spielen

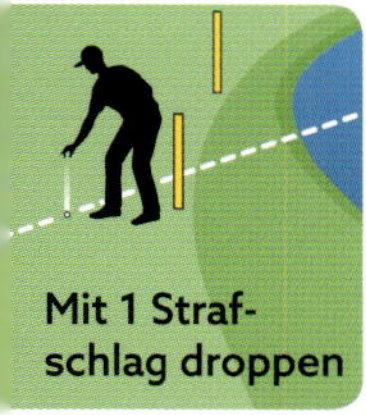

Mit 1 Strafschlag droppen

Ball in Penalty Area – Wahlmöglichkeit (R17)
Liegt Ihr Ball in einer Penalty Area, haben Sie grundsätzlich zwei Möglichkeiten:

1. Straflos den Ball spielen, wie er liegt* (es gilt jedoch einige wenige Besonderheiten zu beachten, siehe Seiten 30ff.).
2. Mit 1 Strafschlag einen Ball außerhalb der Penalty Area droppen.

*Handelt es sich bei der Penalty Area um eine Spielverbotszone (z. B. Naturschutzgebiet), müssen Sie nach der 2. Variante vorgehen.

Penalty-Area-Regel (R17)

Liegt Ihr Ball in einer Penalty Area oder ist er darin verloren, dürfen Sie außerhalb derselben wie folgt droppen:

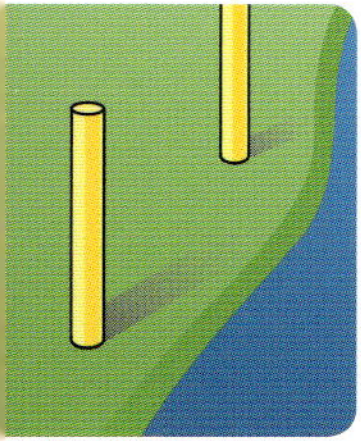

Gelbe Penalty Area

1. Mit 1 Strafschlag auf der Verlängerung der Linie Loch–Kreuzungspunkt (Punkt X, wo der Ball die Grenze der Penalty Area zuletzt gekreuzt hat) beliebig weit zurück und innerhalb 1 Schlägerlänge droppen.
2. Mit 1 Strafschlag zurück zur Stelle des letzten Schlags und innerhalb 1 Schlägerlänge droppen (am Abschlag darf aufgeteet werden).

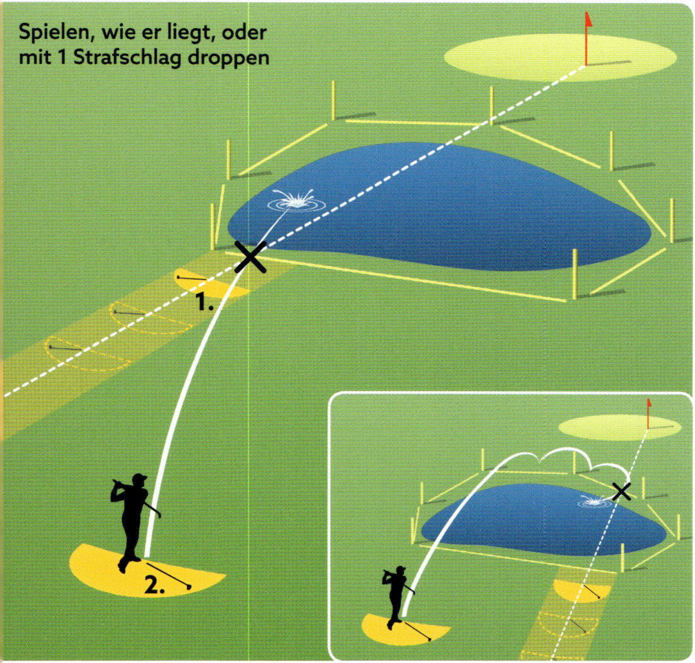

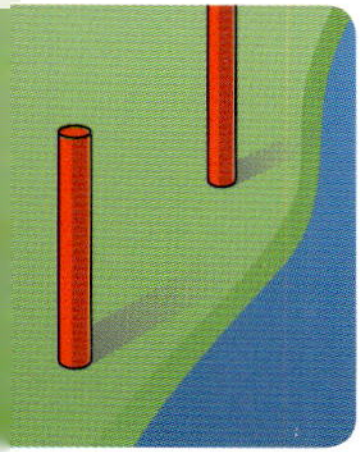

Rote Penalty Area

Dieselben Möglichkeiten (1. + 2.) wie bei gelben Penalty Areas und *zusätzlich:*

3. Mit 1 Strafschlag innerhalb von 2 Schlägerlängen vom Kreuzungspunkt (Punkt X, wo der Ball die Grenze der Penalty Area zuletzt gekreuzt hat) droppen.

Achten Sie auf die Platzregeln – manchmal gewähren diese weitere Droppmöglichkeiten, z. B. speziell markierte Dropping Zonen.

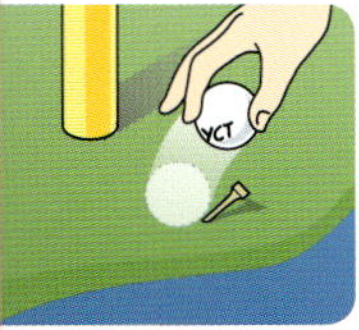

Ball identifizieren (R7)

Falls Sie nicht erkennen können, ob der gefundene Ball der Ihre ist, dürfen Sie ihn zwecks Identifizierung markieren und aufnehmen. Wurde die Lage nicht markiert oder der Ball mehr als zur Identifizierung nötig gereinigt, gibt es 1 Strafschlag. Anschließend ist der Ball an genau dieselbe Stelle zurückzulegen und die ursprüngliche Lage wiederherzustellen.

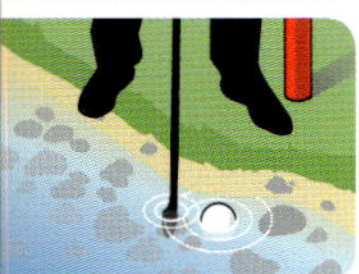

Ball spielen, wie er liegt (R8/9/17)

Wenn Sie sich entscheiden, den Ball aus der Penalty Area zu spielen, müssen Sie die Lage akzeptieren, wie Sie sie vorfinden. Sie dürfen nichts, das angewachsen oder befestigt ist, vor dem Schlag bewegen, biegen oder brechen, um die Lage des Balls, den Raum für Stand oder Schwung oder die Spiellinie zu verbessern (2 Strafschläge).
Sie dürfen den Schläger jederzeit am Boden oder im Wasser aufsetzen.

Gefährliche Situation (R16)

Falls Ihr Ball spielbar, jedoch in der Nähe eines gefährlichen Tiers liegt, dürfen Sie die nächste ungefährliche Stelle in der Penalty Area, nicht näher zum Loch, bestimmen und innerhalb 1 Schlägerlänge straflos droppen.

Eingebetteter Ball (R16)

Hat sich der Ball bei der Landung im Boden eingebohrt, ist das in einer Penalty Area Pech. Der Ball muss gespielt werden, wie er liegt, oder kann mit 1 Strafschlag nach der Penalty-Area-Regel gedroppt werden (siehe Seiten 28f.).

Beratung und Spiellinie (R10)

Nach Distanzen, der Lage von Bunkern, Ausgrenzen usw. zu fragen ist erlaubt. Falls Sie die Fahne nicht sehen können, dürfen Sie sich die Spiellinie von jemandem angeben lassen. Tipps bzw. Fragen zur Schlägerwahl oder Spielweise hingegen wären unerlaubte Beratung und würden 2 Strafschläge kosten.

Lose Naturstoffe (R15)

Blätter, Zweige, Steine oder andere *natürliche* Sachen dürfen Sie straflos entfernen. Wenn sich der Ball dabei bewegt: Ball zurücklegen, 1 Strafschlag.

Bewegliche Hemmnisse (R15)

Schilder, Markierungspfähle (gelb, rot) oder andere *künstliche* Sachen dürfen Sie straflos entfernen. Wenn sich der Ball dabei bewegt: Ball zurücklegen, straflos.

Ungewöhnliche Platzverhältnisse (R16)

Wenn der Ball in einer Penalty Area liegt, gibt es *weder* von unbeweglichen Hemmnissen (künstliche Einrichtungen wie Brücken, Rohre usw.) *noch* von Pfützen und Tierlöchern Erleichterung. Der Ball muss gespielt werden, wie er liegt, oder kann mit 1 Strafschlag nach der Penalty-Area-Regel gedroppt werden (siehe Seiten 28f.).

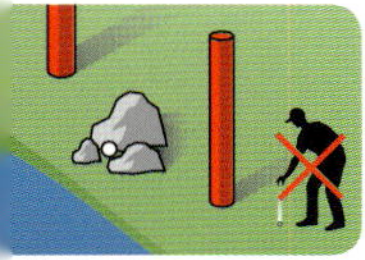

Unspielbare Lage (R19)

In einer Penalty Area kann der Ball *nicht* für unspielbar erklärt werden – verfahren Sie nach der Penalty-Area-Regel (siehe Seiten 28f.).

Ball von Penalty Area gespielt … und falschen Ball geschlagen (R6)

Haben Sie von der Penalty Area gespielt, aber einen falschen Ball geschlagen, zählt dieser Schlag nicht. Sie erhalten 2 Strafschläge und müssen zurück zur Stelle, wo Sie den Ball verwechselt haben, und Ihren richtigen Ball spielen.

Ball von Penalty Area gespielt … und im Wasser oder sonst wo in der Penalty Area versenkt (R17)

Haben Sie Ihren Ball von der Penalty Area gespielt, aber nicht aus dieser herausbekommen, zählt dieser Schlag, doch Sie haben noch immer die Möglichkeit, nach der Penalty-Area-Regel vorzugehen (siehe Seiten 28f.). Als Stelle des letzten Schlags gilt dann nicht nur die entsprechende Stelle in der Penalty Area, sondern auch die Stelle, wo Sie den letzten Schlag *außerhalb* derselben gespielt haben.

Ball von Penalty Area gespielt … und ins Aus geschlagen/verloren (R17)

Haben Sie Ihren Ball aus der Penalty Area gespielt und verloren bzw. ins Aus geschlagen, müssen Sie mit 1 Strafschlag innerhalb 1 Schlägerlänge der Stelle des letzten Schlags droppen – in diesem Fall erneut in der Penalty Area. Nun können Sie allerdings 1 zusätzlichen Strafschlag in Kauf nehmen und nach der Penalty-Area-Regel vorgehen (siehe Seiten 28f.).

Doppelschlag (R10)

Falls Sie beim Schlag hängen bleiben und Ihren Ball aus Versehen mehr als einmal treffen, zählt dies dennoch nur als ein Schlag und ist straflos.

Im Aus und provisorischer Ball

Grenze (Erkl./R18)

Ein Ball ist im Aus, wenn er *vollständig* im Aus liegt. Die Ausmarkierungen (weiß) stehen selbst im Aus, d. h., die Grenze verläuft platzseitig. Ob ein Ball im Aus liegt, bestimmen Sie am besten, indem Sie hinter einen Pfosten gehen und diesen in dieselbe Ebene mit dem nächsten Pfosten bringen.

Achten Sie auch auf Ausgrenzen, die in den *Platzregeln* vermerkt und möglicherweise nicht farblich gekennzeichnet sind.

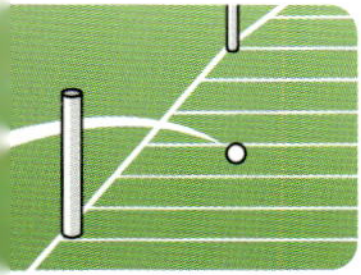

Ball im Aus (R18)

Liegt Ihr Ball im Aus, müssen Sie mit 1 Strafschlag zurück zur Stelle des letzten Schlags und innerhalb 1 Schlägerlänge droppen (am Abschlag darf aufgeteet werden).
Haben Sie bereits einen provisorischen Ball gespielt, wird dieser mit 1 Strafschlag zum Ball im Spiel.

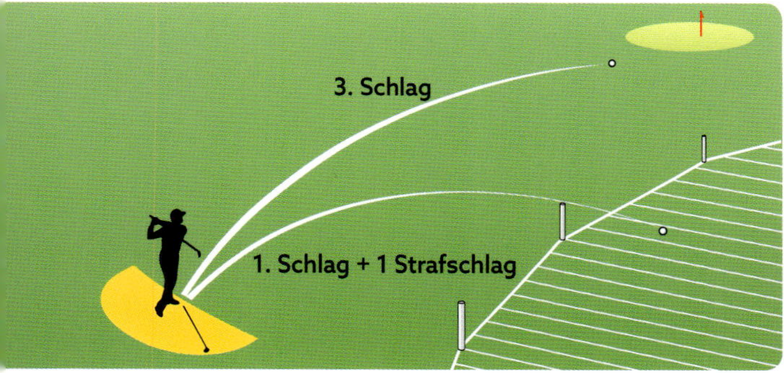

Achten Sie auf die Platzregeln – manchmal gewähren diese weitere Droppmöglichkeiten.

Spieler steht im Aus, Ball auf dem Platz

(Erkl./R15/16/18)

Sie dürfen im Aus stehen, um einen Ball zu spielen, der nicht im Aus liegt.
Dabei dürfen Sie im Aus *lose Naturstoffe* (Blätter, Steine usw.) wie auch *bewegliche Hemmnisse* (künstlich) straflos entfernen.
Von *ungewöhnlichen Platzverhältnissen* (unbewegliche Hemmnisse, Pfützen, Tierlöcher usw.) im Aus erhalten Sie hingegen *keine* Erleichterung.

Von Gegenständen, die das Aus markieren, ob beweglich oder nicht, gibt es nie Erleichterung.

Provisorischen Ball spielen (R18)

Befürchten Sie nach einem Schlag, dass Ihr Ball unauffindbar oder im Aus gelandet sein könnte, spielen Sie zur Zeitersparnis einen provisorischen Ball (dies erspart Ihnen unter Umständen ein späteres Zurücklaufen). Kündigen Sie Ihren Mitspielern gegenüber diesen deutlich als „provisorisch" an und droppen Sie an derselben Stelle, von wo Sie gespielt haben, innerhalb 1 Schlägerlänge (am Abschlag darf aufgeteet werden). Spielen Sie dann, bis Sie die Stelle erreichen, wo der ursprüngliche Ball ungefähr liegen sollte. Dabei dürfen Sie mehrere Schläge mit dem provisorischen Ball machen. Für das weitere Vorgehen siehe unten.

Ist Ihr Ball in eine *Penalty Area* geflogen, haben Sie *nicht* die Möglichkeit, einen provisorischen Ball zu spielen. Gehen Sie nach der Penalty-Area-Regel vor, siehe Register „Penalty Area".

Provisorischen Ball nicht angekündigt (R18)

Wenn Sie einen zweiten Ball spielen und diesen nicht ausdrücklich als „provisorisch" ankündigen, wird er mit 1 Strafschlag zum neuen Ball im Spiel. Der ursprüngliche Ball ist in diesem Fall „verloren" und darf unter keinen Umständen mehr gespielt werden (das wäre Spielen eines falschen Balls).

Provisorischer Ball liegt hervorragend (R18)

Wenn Ihnen mit Ihrem provisorischen Ball ein Traumschlag gelingt, kann es unter Umständen vorteilhafter sein, den ursprünglichen Ball nicht mehr zu finden. In diesem Fall können Sie ganz einfach nicht nach dem ersten Ball suchen. Sie können jedoch den ersten Ball *nicht per Deklaration* „verloren geben" oder seine Identifizierung verweigern. Falls Sie Ihren ursprünglichen Ball finden (innerhalb von 3 Minuten und er liegt nicht im Aus), *müssen* Sie mit ihm weiterspielen.

Provisorischen Ball von einer Stelle geschlagen, die näher beim Loch liegt als der vermutete Ball (R18)

Sie dürfen Ihren provisorischen Ball spielen, bis Sie die Stelle erreichen, wo Sie Ihren ursprünglichen Ball vermuten. Ihr provisorischer Ball darf auch über diese Stelle hinausfliegen, jedoch dürfen Sie jenseits davon keinen Schlag mit dem provisorischen Ball machen. Wenn Sie einen solchen Schlag ausführen, bevor Sie den ursprünglichen Ball gefunden haben, wird der provisorische Ball automatisch mit 1 Strafschlag zum neuen Ball im Spiel.

Ursprünglicher Ball gefunden ... auf dem Platz (R18)

Wenn Sie Ihren ursprünglichen Ball innerhalb von 3 Minuten finden und er nicht im Aus liegt, *müssen* Sie mit diesem Ball weiterspielen. Der provisorische Ball muss aufgenommen werden und die Schläge mit dem provisorischen Ball zählen nicht.

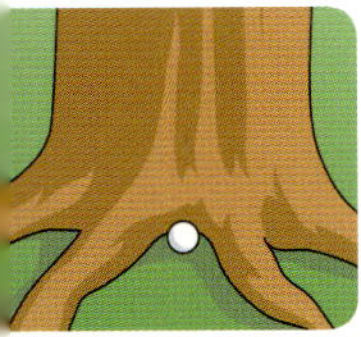

Ursprünglicher Ball gefunden ... aber unspielbar (R18/19)

Wenn Sie Ihren ursprünglichen Ball finden (innerhalb von 3 Minuten und nicht im Aus), *müssen* Sie mit diesem Ball weiterspielen – selbst wenn er schlecht oder in unspielbarer Lage liegt. Der provisorische Ball darf unter keinen Umständen mehr gespielt werden (das wäre Spielen eines falschen Balls).
Wenn Sie Ihren ursprünglichen Ball für unspielbar erklären, müssen Sie strikt nach der Unspielbarkeitsregel vorgehen und gegebenenfalls sogar noch einmal zur Stelle des letzten Schlags zurückkehren (siehe Seite 19).

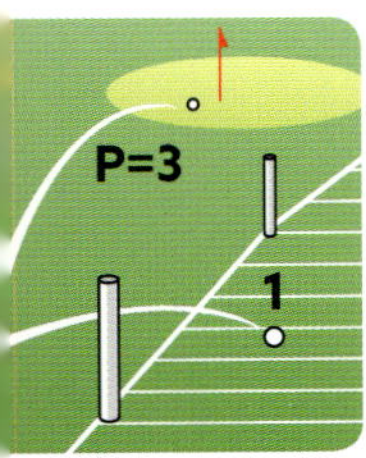

Ursprünglicher Ball im Aus oder unauffindbar (R18)

Liegt Ihr ursprünglicher Ball tatsächlich im Aus oder haben Sie ihn nicht innerhalb von 3 Minuten gefunden, wird der provisorische Ball mit 1 Strafschlag zum Ball im Spiel, d. h., alle erfolgten Schläge sowohl mit dem ursprünglichen als auch mit dem provisorischen Ball zählen, plus 1 Strafschlag.

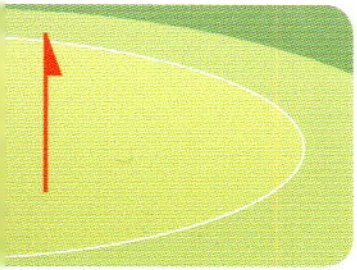

Grün und Vorgrün (R13)

Ein Ball liegt auf dem Grün, wenn er das Grün berührt. Das Vorgrün gehört im Sinn der Regeln nicht zum Grün, sondern gilt als Gelände (siehe Register „Fairway & Rough").

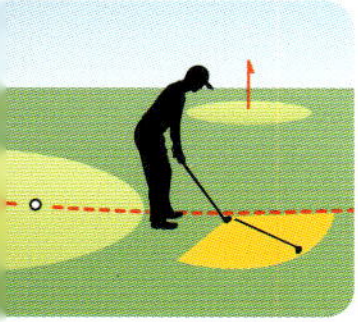

Falsches Grün (R13)

Landet Ihr Ball auf einem falschen Grün oder so nahe daran, dass Sie darauf stehen müssten, dürfen Sie den Ball *nicht* spielen, sondern *müssen* straflos droppen (für das genaue Verfahren siehe Seite 18).

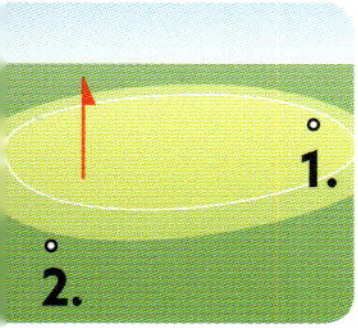

Spielreihenfolge (R6)

Es ist immer jener Spieler an der Reihe, dessen Ball am weitesten vom Loch entfernt ist. Zur Zeitersparnis wird jedoch oft davon abgewichen, was straflos ist. Haben sich Spieler allerdings über eine falsche Reihenfolge *abgesprochen,* um einem von ihnen einen *taktischen Vorteil* zu gewähren (z. B. Putt vormachen), erhält jeder von ihnen 2 Strafschläge.

LOCHSPIEL: Schlägt ein Spieler, obwohl er nicht an der Reihe war, ist das straflos, doch kann der Gegner sofort verlangen, dass der Spieler seinen Schlag annulliert und in der richtigen Reihenfolge wiederholt.

Ball markieren und aufnehmen (R13/14)

Auf dem Grün dürfen Sie die Lage Ihres Balls markieren, ihn sodann aufnehmen und reinigen. Idealerweise wird der Ball mit einem Ballmarker oder einer Münze markiert, er kann aber auch markiert werden, indem man den Putter hinter dem Ball abstellt.

Ball durch andere Person markiert (R14)

Sie können Ihren Ball durch einen anderen Spieler markieren und aufnehmen lassen. Der Ball muss anschließend durch die Person, die ihn aufgenommen hat, oder Sie, d. h. den Spieler selbst, zurückgelegt werden.

Ball zur Seite markieren (R15)

Liegt ein Ballmarker auf der Spiellinie eines anderen Spielers, sollte er zur Seite markiert werden (um eine oder zwei Putterkopflängen versetzen).

Es ist wichtig, daran zu denken, den Marker in der Folge an die ursprüngliche Stelle zurückzulegen. Falls er nicht zurückgelegt und der Ball gespielt wird: Der Schlag zählt, aber es gibt 2 Strafschläge wegen Spielens von falschem Ort.

Tipp: Drehen Sie den Marker beim Versetzen um, dann fällt es leichter, sich daran zu erinnern, dass er zurückversetzt werden muss.

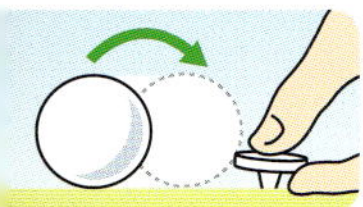

Ball beim Markieren bewegt (R13)

Werden beim Markieren, Aufnehmen oder Zurücklegen Ball oder Ballmarker versehentlich bewegt: Zurücklegen, straflos.

Ball bewegt sich nach dem Zurücklegen (R13)

Haben Sie Ihren Ball markiert, aufgenommen und zurückgelegt und er rollt nach dem Zurücklegen weg, müssen Sie ihn straflos an die ursprüngliche Stelle zurücklegen.

Hat sich der Ball jedoch *vor* dem Markieren und Aufnehmen durch Wind oder Schwerkraft bewegt, muss er von der neuen Stelle gespielt werden, wie er liegt.

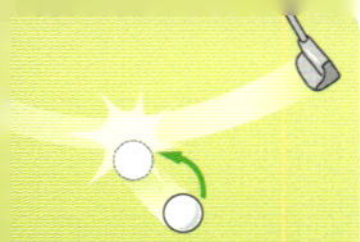

Straflos zurücklegen

Ball aus Versehen bewegt (R13)

Verursachen Sie aus Versehen, dass sich Ihr Ball bewegt (z. B. beim Aufsetzen des Schlägers oder einem Probeschwung zu nah am Ball), ist dies auf dem Grün ausnahmsweise straflos. Der Ball muss zurückgelegt werden.

Falscher Ball/Verwechslung (R6)

Bemerken Sie, dass der Ball, den Sie spielen, gar nicht Ihr Ball ist, müssen Sie zur Stelle zurückgehen, wo Sie den Ball verwechselt haben, und Ihren richtigen Ball spielen. Die Schläge mit dem falschen Ball zählen nicht, doch Sie erhalten 2 Strafschläge.

Wird ein falscher Ball eingelocht und der Fehler nicht behoben, droht *Disqualifikation*.

Beratung und Spiellinie (R10)

Es ist nicht erlaubt, um Rat bezüglich der Puttlinie zu fragen oder Ratschläge zu erteilen („Bricht das Grün von links nach rechts?", „Pass auf, das bricht mehr, als man denkt." usw.), sonst gibt es 2 Strafschläge. Ein Spieler, der Beratung erhält, obwohl er nicht danach gefragt hat, bleibt straflos.
Es ist zudem nicht gestattet, den Putter oder einen anderen Gegenstand auf dem Grün abzulegen, um sich die Spiellinie anzuzeigen oder um ihn als Ausrichtungshilfe für den Schlag zu verwenden.
Nur der Caddie darf den Spieler hinsichtlich der Richtung für seinen Putt beraten. Dabei darf er sich jedoch nicht in der Verlängerung der Puttlinie hinter dem Spieler aufhalten, um diesen bei der Ausrichtung zu unterstützen.

Grün nicht prüfen (R13)
Sie dürfen das Grün nicht prüfen, indem Sie einen Ball probehalber rollen oder die Oberfläche aufkratzen (2 Strafschläge).

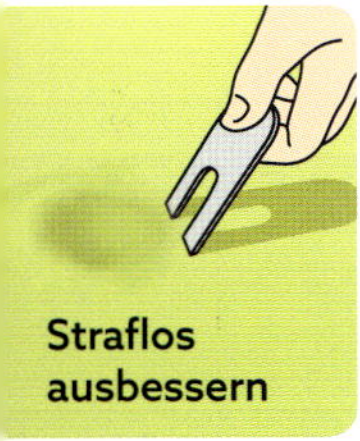

Schäden ausbessern (R13)
Beschädigungen wie Balleinschlaglöcher, Schuhabdrücke, Spikemarken, alte Lochpfropfen usw. dürfen Sie auf dem Grün straflos ausbessern. *Nicht* ausgebessert werden dürfen hingegen Bodenbelüftungslöcher oder natürliche Unregelmäßigkeiten.

Eingebetteter Ball (R13)
Hat sich Ihr Ball bei der Landung im Grün eingebohrt, markieren Sie seine Lage, nehmen Sie den Ball auf und bessern Sie das Einschlagloch aus. Ball zurücklegen, straflos.

Lose Naturstoffe (R13/15)
Blätter, Zweige, Steine und andere natürliche Sachen dürfen Sie straflos entfernen. Auf dem Grün dürfen *auch Sand und lose Erde* entfernt werden (nicht jedoch auf dem Vorgrün und anderswo). Falls sich Ball oder Ballmarker dabei bewegen: Zurücklegen, straflos.

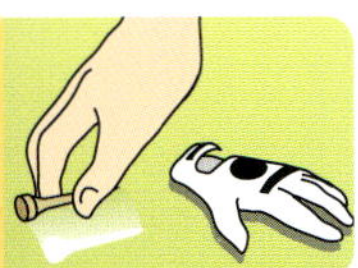

Bewegliche Hemmnisse (R15)
Verlorene Handschuhe, Scorekarten oder andere künstliche Sachen dürfen Sie straflos entfernen. Falls sich Ball oder Ballmarker dabei bewegen: Zurücklegen, straflos.

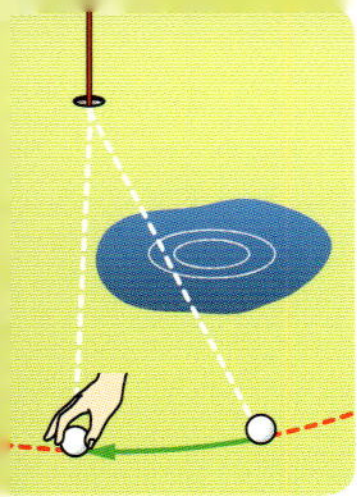

Pfützen und andere ungewöhnliche Platzverhältnisse (R16)

Sie erhalten Erleichterung, wenn der Ball darin liegt oder Sie darin stehen müssten. Ebenso, wenn Ihr Ball auf dem Grün liegt und sich der Umstand auf Ihrer Spiellinie befindet: Straflos den Ball am nächstgelegenen Punkt, wo die Behinderung weitestgehend ausgeschlossen ist, nicht näher zum Loch, *hinlegen*. (Dieser Punkt kann auch außerhalb des Grüns sein.)

Sprinkler (R16)

Sprinkler sind meistens außerhalb des Grüns, im Bereich des Vorgrüns, angebracht. Dieser Bereich gilt im Sinn der Regeln als „Gelände“ und deshalb erhält der Spieler nur Erleichterung, wenn er durch den Sprinkler im *Stand* oder *Schwung* behindert ist. Liegt der Sprinkler lediglich auf der Spiellinie, muss der Ball gespielt werden, wie er liegt.

Ball durch Marker abgelenkt (R11)

Wird ein Ball durch einen Ballmarker abgelenkt, ist das Spielzufall: Ball straflos weiterspielen, wie er liegt.

Ball trifft anderen Ball (R11)

Wenn Sie auf dem Grün putten und Ihr Ball trifft einen anderen, ruhenden Ball auf dem Grün, erhalten Sie 2 Strafschläge. Sie müssen Ihren Ball spielen, wie er liegt, der bewegte Ball ist zurückzulegen. (Passiert Ihnen dasselbe, nachdem Sie von außerhalb des Grüns gespielt haben, ist es straflos.)

LOCHSPIEL: Straflos weiterspielen und den bewegten Ball zurücklegen.

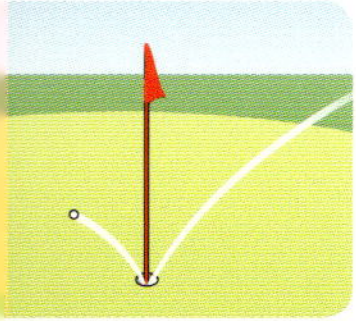

Ball springt wieder aus Loch heraus (Erkl.)

Wenn Ihr Ball ins Loch fällt und wieder herausspringt, gilt er nicht als eingelocht, denn der Ball muss im Loch zur Ruhe kommen. Sie müssen den Ball erneut einlochen, indem Sie ihn spielen, wie er liegt.

Ball trifft Fahnenstange oder bedienende Person (R11/13)

Trifft Ihr Ball die Fahnenstange im Loch, ist dies straflos und der Ball muss weitergespielt werden, wie er liegt.

Trifft Ihr Ball *aus Versehen* die Fahnenstange, nachdem sie herausgenommen und abgelegt wurde, oder die Person, welche die Fahne bedient, ist dies ebenfalls straflos und der Ball muss weitergespielt werden, wie er liegt.

Wurde die Fahne jedoch absichtlich hinter dem Loch abgelegt, damit sie als Ballstopper dienen kann, und der Ball trifft die Fahnenstange: 2 Strafschläge und der Schlag zählt nicht, sondern muss wiederholt werden.

Rollt ein Ball auf die abgelegte Fahne zu, räumen Sie sie am besten rasch aus dem Weg, um Diskussionen und mögliche Strafe zu vermeiden.

Ball trifft Mitspieler oder anderen äußeren Einfluss (R11)

Trifft Ihr Ball nach einem Schlag auf dem Grün versehentlich einen anderen Spieler (ausgenommen die bedienende Person, siehe oben), ein Tier, einen in Bewegung befindlichen Ball oder einen anderen künstlichen Gegenstand (ausgenommen die Fahnenstange, siehe oben), zählt der Schlag nicht und muss straflos wiederholt werden (Ball zurücklegen).

Ruhender Ball durch äußeren Einfluss bewegt oder entwendet (R9)
Wurde Ihr ruhender Ball durch äußeren Einfluss bewegt (z. B. Zuschauer, Tier, Mitspieler, anderer Ball), müssen Sie Ihren Ball straflos zurücklegen. Wurde Ihr Ball sogar aufgehoben und mitgenommen, dürfen Sie einen neuen Ball straflos an die Stelle legen, wo der Ball lag.

LOCHSPIEL: Wurde Ihr Ball durch den Gegner bewegt, muss er zurückgelegt werden. Wurde die Bewegung aus Versehen verursacht, ist es straflos, ansonsten erhält der Gegner 1 Strafschlag.

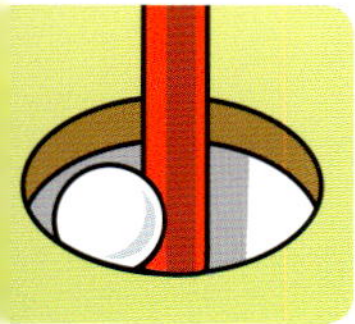

Ball an Fahnenstange eingeklemmt (R13)
Ist der Ball zwischen Fahnenstange und Lochrand eingeklemmt und ein Teil des Balls bereits unterhalb der Lochkante, gilt der Ball als eingelocht.

Ball am Lochrand (R13)
Bleibt Ihr Ball am Lochrand stehen, müssen Sie ohne Verzögerung an das Loch herantreten und dürfen dann 10 Sekunden warten. Fällt der Ball innerhalb dieser Zeit, gilt er als eingelocht. Fällt er nach 10 Sekunden, gilt er ebenfalls als eingelocht, doch Sie müssen sich 1 Strafschlag hinzuzählen.

Leichtfertiges Putten (R10)
Der Ball muss stets geschlagen werden, also nicht schieben oder ziehen (2 Strafschläge). Er darf mit irgendeiner Seite des Schlägerkopfs geschlagen werden (z. B. Rückseite).

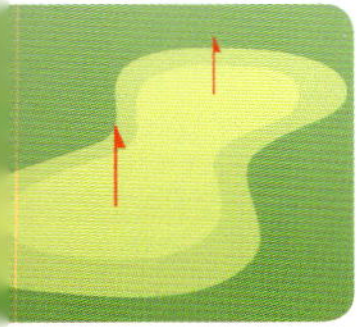

Doppelgrün (Erkl./R16)

Landet Ihr Ball auf einem Doppelgrün im Bereich des falschen Lochs, müssen Sie den Ball spielen, wie er liegt. Falls Ihnen das falsche Loch im Weg sein sollte: Straflos den Ball am nächsten Punkt hinlegen, wo das Loch nicht mehr im Weg ist.

Putt geschenkt/nicht eingelocht (R3/9)

Im Zählspiel können Schläge *nicht geschenkt* werden. Hat ein Spieler seinen Ball voreilig aufgenommen, muss er ihn mit 1 Strafschlag zurücklegen und nachträglich einlochen, sonst droht Disqualifikation.

LOCHSPIEL: Der Spieler kann seinem Gegner den nächsten Schlag als eingelocht schenken. Geschenke können weder abgelehnt noch zurückgenommen werden. Spielt der Beschenkte das Loch dennoch zu Ende, ändert das nichts am Resultat.

Schutz vor Wind und Wetter (R10)

Während eines Schlags darf der Spieler keinen Schutz durch *Dritte* annehmen, sonst erhält er 2 Strafschläge. Einen Schirm selbst zu halten, während man puttet, ist hingegen erlaubt.

Nachputten und -chippen (R5)

Wenn das Loch zu Ende gespielt ist, dürfen Sie übungshalber noch einmal putten oder chippen, sofern es das Spiel nicht verzögert (und nicht durch Platzregel verboten wurde). Es dürfen jedoch keine Schläge aus einem Bunker gemacht werden.

Ruhender Ball wird bewegt ...

... durch den Spieler selbst oder seine Ausrüstung (R9)

Suchen. Beim Suchen: Ball zurücklegen, straflos.
Schlagvorbereitung. Beim Aufsetzen des Schlägers oder Probeschwung: Ball zurücklegen, 1 Strafschlag (Ausnahme Grün: straflos).
Naturstoffe. Beim Entfernen von losen Naturstoffen: Ball zurücklegen, 1 Strafschlag (Ausnahme Grün: straflos).
Bewegliche Hemmnisse. Beim Entfernen von künstlichen Sachen (z. B. Rechen): Ball zurücklegen, straflos.
Markieren. Beim Markieren und Aufnehmen: Ball zurücklegen, straflos.

... durch äußeren Einfluss (R9)

Wird der Ball durch fremden Einfluss bewegt, z. B. durch einen Mitspieler, einen Zuschauer, ein Tier usw.: Ball zurücklegen, straflos.

... durch anderen Ball (R9)

Wird der Ball durch einen anderen Ball getroffen und dadurch bewegt: Ball zurücklegen, straflos (der andere Ball muss gespielt werden, wie er liegt).

... durch Wind oder Schwerkraft (R9)

Wird der Ball von einem Windstoß bewegt oder bewegt er sich von selbst: Ball von neuer Lage spielen, wie er liegt, straflos. (Ausnahme Grün: Wurde der Ball zuvor markiert, aufgenommen und wieder hingelegt, muss er straflos zurückgelegt werden.)

... durch den Gegner im Lochspiel (R9)

Versehentliches Bewegen beim Suchen oder auf dem Grün straflos, sonst 1 Strafschlag für den Gegner. Der Ball muss zurückgelegt werden.

Ball bewegt/abgelenkt

Ball in Bewegung trifft versehentlich auf …

… den Spieler oder seine Ausrüstung (R11)

Trifft der Ball aus Versehen den Spieler selbst oder seine Ausrüstung: Ball spielen, wie er liegt, straflos.

… äußeren Einfluss (R11)

Trifft der Ball versehentlich einen Mitspieler, Zuschauer, Tier, Baum, Leitungsmast usw.: Ball spielen, wie er liegt, straflos (Ausnahme Grün: Trifft der Ball nach einem Schlag auf dem Grün versehentlich eine Person oder ein Tier: Schlag wiederholen, straflos).

Trifft der Ball versehentlich die Person, welche die Fahne bedient: Ball spielen, wie er liegt, straflos.

… einen anderen Ball (R11)

Ruhender Ball. Trifft der Ball einen anderen, ruhenden Ball: Ball spielen, wie er liegt, straflos (Ausnahme Grün, im Zählspiel: Lagen beide Bälle vor dem Schlag auf dem Grün: 2 Strafschläge). Der andere (bewegte) Ball ist zurückzulegen.

Ball in Bewegung. Trifft der Ball einen anderen, in Bewegung befindlichen Ball: Ball spielen, wie er liegt, straflos (Ausnahme Grün: Trifft der Ball nach einem Schlag auf dem Grün einen anderen in Bewegung befindlichen Ball: Schlag wiederholen, straflos).

… die Fahnenstange (R13)

Trifft der Ball die Fahnenstange im Loch: Ball spielen, wie er liegt, straflos.

Trifft der Ball versehentlich die herausgenommene und abgelegte Fahne: Ball spielen, wie er liegt, straflos.

… den Gegner im Lochspiel (R11)

Ball spielen, wie er liegt, straflos (Ausnahme Grün: Schlag wiederholen, straflos).

Ball in Bewegung absichtlich abgelenkt ...

... durch äußeren Einfluss oder den Spieler oder seine Ausrüstung (R11)

Wird der Ball absichtlich durch eine Person abgelenkt oder aufgehalten, muss geschätzt werden, wo er ohne die Ablenkung zur Ruhe gekommen wäre, und dort innerhalb 1 Schlägerlänge gedroppt bzw. auf dem Grün am geschätzten Ort hingelegt werden (Ausnahme Grün: Wurde der Ball nach einem Schlag auf dem Grün absichtlich abgelenkt: Schlag wiederholen).

Die ablenkende Person erhält 2 Strafschläge. Als absichtliche Ablenkung gilt auch das Treffen eines Gegenstandes, der bewusst an einer Stelle positioniert wurde, wo er als Ballstopper dienen kann.

Erhältlich als Sonderausgabe mit Logo

Vorwort des CEO, Image-Inserat, Platzregeln usw.

Logo-Cover

Die Seiten 1 und 2 sind frei gestaltbar. Mindestbestellmenge 250 Exemplare. Für Bestellungen und weitere Informationen: books@expertgolf.com

Yves C. Ton-That ist offizieller Schiedsrichter und hat zehn zum Teil preisgekrönte Bücher über Golf verfasst, die in mehr als 20 Sprachen übersetzt wurden. Zudem berät er Golfclubs und -verbände auf der ganzen Welt in Regelfragen. Sein Handicap beträgt 5.

Dieses Buch basiert auf der Publikation „Offizielle Golfregeln 2019", herausgegeben vom Deutschen Golf Verband (DGV).
Artigo Publishing International, www.expertgolf.com
ISBN 978-3-906852-14-0, 68. Auflage, 2019

EXPERT GOLF
get there

Übersicht über die Erleichterungsverfahren

(Für das genaue Vorgehen schlagen Sie bitte im entsprechenden Register nach.)

	Fairway & Rough	Bunker	Penalty Area	Grün
Lose Naturstoffe Straflos entfernen. Falls sich dabei der Ball bewegt:	✓ zurücklegen, 1 Strafschlag	✓ zurücklegen, 1 Strafschlag	✓ zurücklegen, 1 Strafschlag	✓ zurücklegen, straflos
Bewegliche Hemmnisse Straflos entfernen. Falls sich dabei der Ball bewegt:	✓ zurücklegen, straflos	✓ zurücklegen, straflos	✓ zurücklegen, straflos	✓ zurücklegen, straflos
Ungewöhnliche Platzverhältnisse Erleichterung, wenn Ball/Stand/Schwung behindert!	✓	✓	✗	✓ auch wenn Spiellinie behindert
Unspielbar erklären (mit 1 oder 2 Strafschlägen) Alleinige und freie Entscheidung des Spielers.	✓	✓	✗	✓